westermann

Multiplizieren und Dividieren

Erarbeitet von

Judith Beerbaum, Sina Buchborn-Hofer,
Antonia Dehne, Anja Göttlicher,
Katrin Klöckner, Sarah Pfleger,
Britta Wettels und Stephanie Zippel

in Zusammenarbeit mit der
Westermann-Grundschulredaktion

Unter Beratung von

Henrieke Peters

Illustriert von

Angelika Citak, Heike Heimrich,
Gabie Hilgert und Karoline Kehr

Flex und Flo
Mathematik

Zeichenerklärung

 Schreibe ins Heft.

 Male/Zeichne mit der entsprechenden Farbe.

 Streiche durch, was nicht passt.

 Ordne zu.

 Kreise ein.

 Kreuze an.

 Benutze Material.

 Bearbeite die Aufgabe in Partnerarbeit.

Mathekonferenz: Tausche dich mit anderen Kindern über deine Ideen, deine Vorgehensweise oder deine Ergebnisse aus.

> **Addieren**
> heißt plus rechnen.

Hier steht ein neues Fachwort.

> **Grundaufgabe**
> 2 + 2 = 4, also
> 32 + 2 = 34

Hier steht ein neues Fachwort oder ein neues Beispiel, wie du über Mathematik sprechen kannst.

 Verweis auf passenden Diagnosetest im Flex und Flo Diagnoseheft 3, ISBN 978-3-14-118233-0

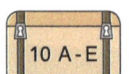 Verweis auf passende herausfordernde Aufgaben in der Flex und Flo Entdeckerkartei 3, ISBN 978-3-14-118245-3

 Verweis auf passende interaktive Übungen

 Verweis auf passendes Erklärvideo.
Kamera oder den QR-Code-Reader des Smartphones oder Tablets über den QR-Code halten und anschließend die entsprechende Seite im Browser öffnen.
Der QR-Code links führt zu einer Übersicht der Erklärvideos für Klasse 3.

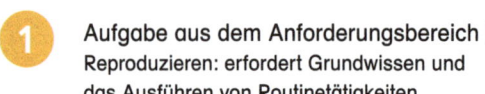 Aufgabe aus dem Anforderungsbereich I
Reproduzieren: erfordert Grundwissen und das Ausführen von Routinetätigkeiten

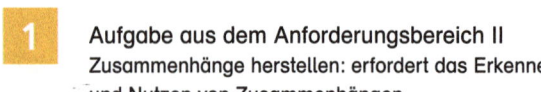 Aufgabe aus dem Anforderungsbereich II
Zusammenhänge herstellen: erfordert das Erkennen und Nutzen von Zusammenhängen

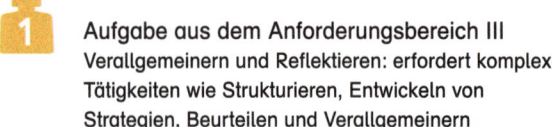 Aufgabe aus dem Anforderungsbereich III
Verallgemeinern und Reflektieren: erfordert komplexe Tätigkeiten wie Strukturieren, Entwickeln von Strategien, Beurteilen und Verallgemeinern

 Einführung von Fachwörtern oder Redemitteln
Eine Sammlung der im Heft eingeführten Fachwörter und Redemittel zum Nachschlagen findet sich auf der letzten Doppelseite und der Beilage „Fachwörter und Redemittel 3". Die Beilage ist als Nachkaufset erhältlich. ISBN 978-3-14-118271-2

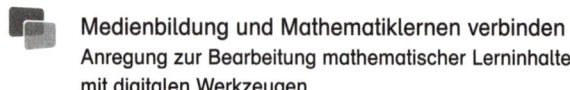 Medienbildung und Mathematiklernen verbinden
Anregung zur Bearbeitung mathematischer Lerninhalte mit digitalen Werkzeugen

 Erklärvideo in der BiBox/mittels QR-Code aufrufbar

 Tipp zur Verknüpfung der Themenhefte

Inhaltsverzeichnis

$6 \cdot 7 = $ _____

Karten:
- 7 (Blitz): 1 · 7, 2 · 7, 5 · 7, 7 · 7, 10 · 7
- $\frac{6 \cdot 7}{5 \cdot 7}$; 1 · 7
- Das Doppelte von 3 · 7
- $\frac{6 \cdot 7}{7 \cdot 7}$; 1 · 7
- Tauschaufgabe 7 · 6

1 Schreibe die Blitzaufgaben dieser Einmaleins-Reihen auf.

 7    6    8   9

1 · 7 = _____
2 · 7 = _____
5 · 7 = _____
7 · 7 = _____
10 · 7 = _____

2 Rechne auf deinem Weg.

a) 4 · 3 = _____
    3 · 3 = _____
    1 · 3 = _____

b) 9 · 4 = _____
    10 · _____

c) 7 · 6 = _____
    _____
    _____

d) 9 · 3 = _____
    _____
    _____

e) 6 · 4 = _____
    _____
    _____

f) 9 · 8 = _____
    _____
    _____

3 Finde die vier Fehler.
Streiche die falschen Aufgaben durch und schreibe die Aufgaben richtig auf.

a) 4 · 7 = 28
   8 · 8 = 64
   7 · 6 = 42
   6 · 6 = 35

b) 5 · 5 = 25
   7 · 1 = 1
   9 · 3 = 27
   10 · 2 = 20

c) 5 · 1 = 5
   4 · 4 = 16
   8 · 0 = 8
   5 · 7 = 35

d) 8 · 6 = 48
   6 · 5 = 30
   10 · 1 = 10
   7 · 7 = 42

_____ _____ _____

Datum: _____

"Erst das Datum, dann die Seite und die Aufgabennummer aufschreiben."

2 2.9.,   S. 5

1 a)   5 · 7 = 3 5

6 · 7 =

1 Schreibe wie Flo in dein Heft.

a) 5 · 7   b) 4 · 4   c) 3 · 8
   6 · 7   5 · 4   4 · 8
   3 · 7   8 · 4   6 · 8

d) 3 · 6   e) 3 · 9   f) 5 · 5
   8 · 6   6 · 9   7 · 5
   9 · 6   4 · 9   9 · 5

2
a) 3 · 4   b) 7 · 4   c) 0 · 5   d) 8 · 7   e) 2 · 7   f) 7 · 7
   6 · 1   5 · 8   5 · 9   6 · 0   8 · 3   9 · 9

3 Verbinde die Ergebnisse der Reihe nach.

a) 4 · 10 = _____   g) 9 · 8 = _____
b) 5 · 5 = _____   h) 4 · 5 = _____
c) 9 · 2 = _____   i) 7 · 6 = _____
d) 6 · 6 = _____   j) 3 · 5 = _____
e) 5 · 9 = _____   k) 9 · 9 = _____
f) 7 · 7 = _____   l) 5 · 7 = _____

49 32 14 72 •24 100 10 45 36 42 60 20 25 18 15 81 35 6 5 4 28 70 40

4
a)

·	3	6	9
5	15		
4			
7			

b)

·	2	5	4
7			
8			
0			

c)

·		7	
6	48		18
		63	
		28	

5
a) 7 · 5 = _____
   6 · ___ = 36
   ___ · 10 = 30

b) 7 · 9 = _____
   ___ · 7 = 21
   4 · ___ = 16

c) ___ · 8 = 40
   6 · ___ = 54
   9 · 5 = _____

d) ___ · 8 = 32
   7 · 7 = _____
   ___ · 2 = 20

6
a) 18 = 6 · ___
   25 = ___ · 5
   ___ = 7 · 6

b) _____ = 3 · 4
   0 = ___ · 8
   35 = ___ · 5

c) 64 = 8 · ___
   _____ = 9 · 8
   45 = 5 · ___

d) _____ = 3 · 5
   36 = ___ · 9
   28 = 4 · ___

Datum: _____

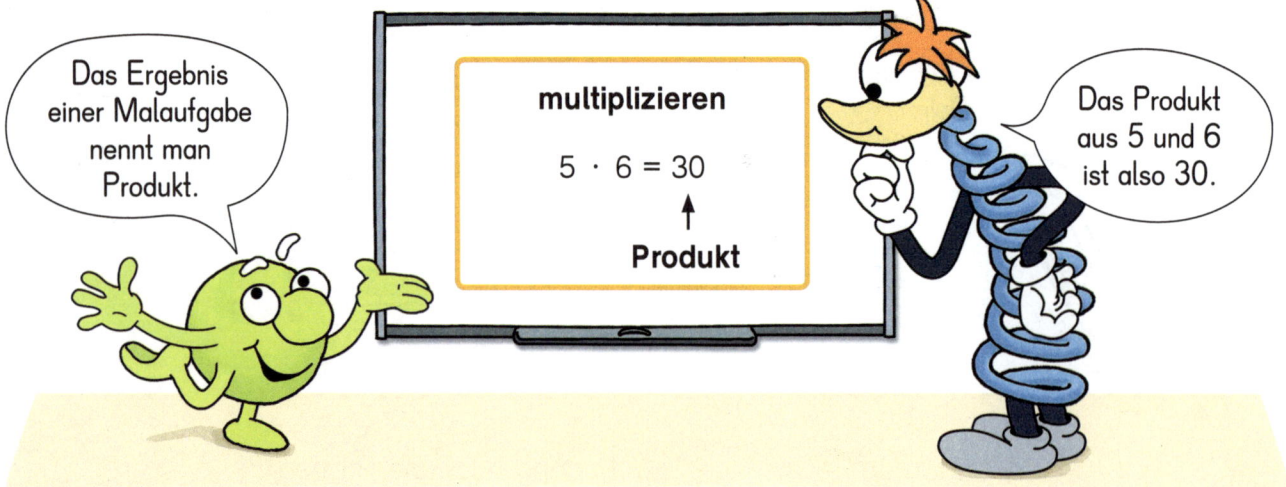

multiplizieren

5 · 6 = 30
↑
Produkt

Das Ergebnis einer Malaufgabe nennt man Produkt.

Das Produkt aus 5 und 6 ist also 30.

1 Berechne die Produkte.

a) 4 und 5
   4 · 5 = _____

b) 6 und 4
   _____

c) 7 und 7
   _____

d) 3 und 9
   _____

e) 9 und 0
   _____

f) 10 und 10
   _____

g) 7 und 8
   _____

h) 11 und 1
   _____

2

a) Multipliziere 7 mit 8. Wie heißt das Produkt?

_____

Lösung: _____

b) Multipliziere zwei gleiche Zahlen. Das Produkt ist 81. Wie heißen die Zahlen?

_____

Lösung: _____

c) Multipliziere die Zahl mit 9. Das Produkt ist 63. Wie heißt die Zahl?

_____

Lösung: _____

3 Hier fällt etwas auf!

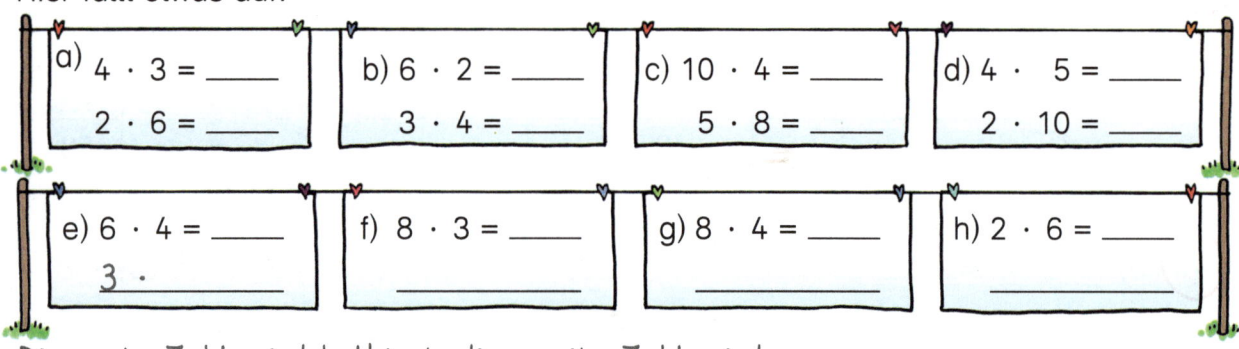

a) 4 · 3 = _____
   2 · 6 = _____

b) 6 · 2 = _____
   3 · 4 = _____

c) 10 · 4 = _____
   5 · 8 = _____

d) 4 · 5 = _____
   2 · 10 = _____

e) 6 · 4 = _____
   3 · _____

f) 8 · 3 = _____
   _____

g) 8 · 4 = _____
   _____

h) 2 · 6 = _____
   _____

Die erste Zahl wird halbiert, die zweite Zahl wird _____.

Das Produkt _____.

4 Welche Multiplikationsaufgaben können es sein? Wie viele Möglichkeiten findet ihr?

a) Das Produkt ist 12.

b) Das Produkt ist 24.

c) Das Produkt ist 42.

1 Schreibe die Geteiltaufgabe wie Flo dazu. Rechne auch die Probe (P.).

a) 30 Perlen, immer 5 auf eine Schnur.   30 : _____ = _____   P.: _____

b) 16 Perlen, immer 4 auf eine Schnur.   _____   _____

c) 12 Perlen, immer 6 auf eine Schnur.   _____   _____

d) 18 Perlen, immer 3 auf eine Schnur.   _____   _____

2 Schreibe die Multiplikationsaufgabe, die Tauschaufgabe und die Umkehraufgaben auf.

a)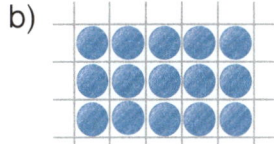

$3 \cdot 4 =$ _____ $12 : 4 =$ _____

$4 \cdot 3 =$ _____ $12 : 3 =$ _____

b)

_____   _____

_____   _____

c)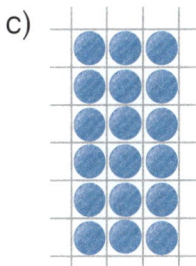

_____   _____

_____   _____

3  Male eigene Aufgaben wie in Aufgabe 2 in dein Heft.
Dein Partnerkind schreibt immer die Multiplikationsaufgabe, die Tauschaufgabe und
die Umkehraufgaben dazu.

4 Flo hat 24 Perlen, er möchte Schlüsselanhänger daraus basteln.
Auf jeder Schnur sollen gleich viele Perlen sein und keine Perle soll übrig bleiben.
Findet verschiedene Möglichkeiten und schreibt immer die Geteiltaufgabe dazu.

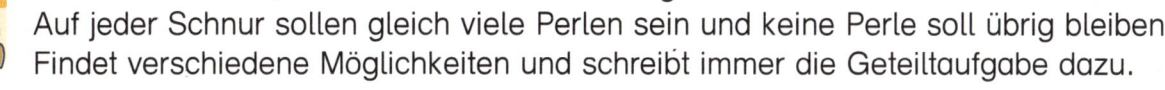

Datum:_____

1 Dividiere und rechne auch die Probe (P.).

a) 42 : 6 = _7_   P.: 7 · 6 = 42

24 : 4 = ____   _____

b) 30 : 5 = ____   _____

18 : 2 = ____   _____

c) 21 : 3 = ____   _____

36 : 4 = ____   _____

d) 0 : 4 = ____   _____

12 : 3 = ____   _____

> **Dividieren**
> heißt
> geteilt rechnen.

2 Male mit der passenden Farbe an.

✏ 4, 8, 10

✏ 3, 6, 9

32 : 8   24 : 6   24 : 4   63 : 7   16 : 4

36 : 6   80 : 10   50 : 5   48 : 8   28 : 7

18 : 6   72 : 9   72 : 8   48 : 6   27 : 9   81 : 9

3

a)
:	5
15	
25	
45	

b)
:	6
12	
24	
30	

c)
:	7
21	
28	
63	

d)
:	8
16	
	3
	8

e)
:	9
	2
54	
	9

4 a) 90 : ____ = 9

36 : ____ = 9

45 : ____ = 9

> 90 : __ = 9
> Ich rechne
> 90 : 9.

b) 16 : ____ = 4

24 : ____ = 4

36 : ____ = 4

c) 50 : ____ = 5

35 : ____ = 5

40 : ____ = 5

5 a) 48 : ____ = 6

49 : ____ = 7

32 : ____ = 4

b) 36 : ____ = 4

14 : ____ = 7

80 : ____ = 8

c) 20 : ____ = 5

36 : ____ = 6

15 : ____ = 3

d) 40 : ____ = 8

56 : ____ = 7

18 : ____ = 3

Wiederholung und Vertiefung

1 Hier bleibt ein Rest. Rechne auch die Probe (P.):

a) 11 Perlen, immer 5 auf eine Schnur. $11 : \_\_ = \_\_ R \_\_$ P.: _____

b) 15 Perlen, immer 6 auf eine Schnur.   _____   _____

2 Rechne auch die Probe (P.).

a) $19 : 6 = \underline{\;3\,R\,1\;}$ $\underline{P.:\; 3 \cdot 6 + 1 = 19}$ b) $22 : 7 = \_\_\_\_$ _____

    $20 : 6 = \_\_\_\_$ _____ $23 : 7 = \_\_\_\_$ _____

    $21 : 6 = \_\_\_\_$ _____ $24 : 7 = \_\_\_\_$ _____

3 Rechne die Aufgaben in deinem Heft und schreibe die Sätze vollständig auf.

a) $10 : 2$
   $11 : 2$
   $12 : 2$
   $13 : 2$
   $14 : 2$

b) $12 : 3$
   $13 : 3$
   $14 : 3$
   $15 : 3$
   $16 : 3$
   $17 : 3$
   $18 : 3$

c) $16 : 4$
   $17 : 4$
   $18 : 4$
   $19 : 4$
   $20 : 4$
   $21 : 4$
   $22 : 4$
   $23 : 4$
   $24 : 4$

Beim Dividieren durch 2 ergibt sich
der Rest _____.

Beim Dividieren durch 3 ergeben sich
die Reste _____.

Beim Dividieren durch 4
_____
_____.

4 Welche Reste ergeben sich beim Dividieren

a) durch 5,   b) durch 6,   c) durch 7,   d) durch 8?

5 Wie heißt die Zahl?

a) Die Zahl liegt zwischen 30 und 40. Beim Dividieren durch 8 bleibt der Rest 5.

Lösung: _____

b) Die Zahl liegt zwischen 40 und 45. Beim Dividieren durch 6 bleibt der Rest 5.

Lösung: _____

c) Die Zahl liegt zwischen 50 und 60. Beim Dividieren durch 7 bleibt der Rest 4.

Lösung: _____

☞ Wechsel ins Themenheft Sachrechnen und Größen, S. 4-7 möglich.

Datum: _____

1 Schreibt wie Flex Aufgaben zu den Ziffernkarten in euer Heft.
Wie viele verschiedene Aufgaben, wie viele verschiedene Ergebnisse findet ihr?

a) [3] [5] [2]   b) [6] [7] [1]   c) [8] [4] [9]

2 Schreibt wie Flex Aufgaben zu den Ziffernkarten in euer Heft.
Bei welchen Aufgaben habt ihr das kleinste Ergebnis, bei welchen das größte? Begründet.

a) [2] [4] [8]   b) [5] [6] [8]   c) [2] [3] [9]

Das größe Ergebnis bekommt man, wenn _____

3 Flo hat drei verschiedene Ziffernkarten. Er hat Aufgaben wie Flex gerechnet.
Welche Karten hat er benutzt? Es gibt mehrere Möglichkeiten.

a) [4] [6] [ ]   b) [5] [3] [ ]   c) [3] [ ] [6]

Ergebnis 26   Ergebnis 17   Ergebnis 27

4
2 · 4 + 1
3 · 5 + 1
4 · 6 + 1
5 · 7 + 1
6 · 8 + 1
7 · 9 + 1

Findet die Regel.
Löst die Aufgaben in eurem Heft und setzt fort, so weit wie ihr könnt.
Was fällt euch auf?

Das Ergebnis ist immer _____

gerade   doppelt so groß   eine Quadratzahl   ungerade

5 Bildet mit den Ziffernkarten [2], [4], [3], [5]
immer zwei Multiplikationsaufgaben,
dann addiert die Produkte.
Findet ihr alle 24 Möglichkeiten?
Wie viele verschiedene Ergebnisse gibt es?

5) 2 · 4   3 · 5
        8 +   1 5 =

Zahlenrätsel

1
a) Multipliziere 5 mit 7.
Wie heißt das Produkt?
_____
Lösung: _____

b) Multipliziere das
Fünffache von 2 mit 4.
_____
Lösung: _____

c) Dividiere die Hälfte
von 80 durch 8.
_____
Lösung: _____

2
a) Halbiere das
Produkt aus 6 und 2.
_____
Lösung: _____

b) Verdopple das
Produkt aus 5 und 3.
_____
Lösung: _____

c) Multipliziere 6 mit 4.
Dividiere das
Produkt durch 3.
_____
Lösung: _____

3
a) Multipliziere die
größte einstellige
Zahl mit 7.
_____
Lösung: _____

b) Dividiere 70 durch
die kleinste
zweistellige Zahl.
_____
Lösung: _____

c) Halbiere das
Zehnfache von 10.
_____
Lösung: _____

4 Schreibe eigene Zahlenrätsel. Dein Partnerkind löst sie. Benutze die Fachbegriffe:

| multiplizieren | Produkt | halbieren | die Hälfte |

| dividieren | das Doppelte | verdoppeln |

5 Welche Ziffern haben sich hier versteckt?

a)
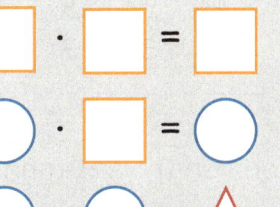

b)
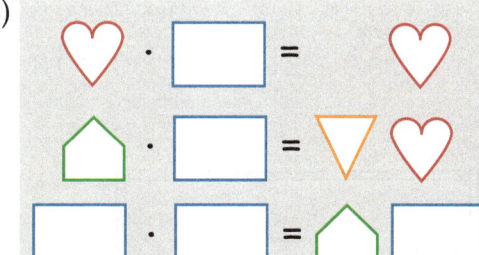

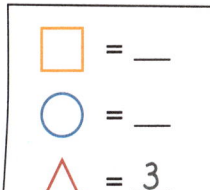

4 Kopiervorlage zur Notation von Zahlenrätseln in der Handreichung/BiBox für Lehrer/-innen.
Textverarbeitung: Eigene Zahlenrätsel schreiben, ggf. speichern, ausdrucken und
lösen (Vorlage in der BiBox für Lehrer/-innen). Eine Kartei für die Klasse erstellen.

11

Datum: _____

1 Welche Lose gewinnen? Male sie gelb an.

a) Gewinn: Produkt größer als 60

b) Gewinn: Produkt kleiner als 50

9 · 9   6 · 9   7 · 8

9 · 8   8 · 8

10 · 6   7 · 9

6 · 9   6 · 6   7 · 7

5 · 9   8 · 7

8 · 8   6 · 7

2 Schreibe selbst fünf Aufgaben für Lose, die gewinnen. Dein Partnerkind kontrolliert.

a) Gewinn: Produkt größer als 30

b) Gewinn: Produkt kleiner als 45

3 Kleiner, größer oder gleich? Setze ein: <, > oder =

a) 3 · 6 ◯ 25   b) 7 · 8 ◯ 64   c) 20 ◯ 7 · 3

7 · 5 ◯ 28   6 · 9 ◯ 54   24 ◯ 6 · 4

5 · 9 ◯ 45   7 · 6 ◯ 48   36 ◯ 4 · 8

4 a) 2 · 8 ◯ 3 · 7   b) 3 · 4 ◯ 8 · 2

9 · 4 ◯ 8 · 5   9 · 2 ◯ 5 · 0

7 · 3 ◯ 9 · 2   7 · 9 ◯ 8 · 8

5 a) 27 : 3 ◯ 8   b) 9 ◯ 56 : 8

72 : 8 ◯ 9   10 ◯ 30 : 3

35 : 5 ◯ 7   5 ◯ 14 : 2

___ · 4 < 16
0 · 4 < 16
1 · 4 < 16
2 · 4 < 16
3 · 4 < 16

4 · 4?

6 Welche Zahlen von 0 bis 9 kannst du einsetzen?

a) ___ · 4 < 16   0, 1, 2, 3

b) ___ · 5 < 45   _____

c) ___ · 6 < 55   _____

d) ___ · 2 < 18   _____

e) ___ · 9 > 60   7, 8, 9   _____

f) ___ · 6 > 49   _____ _____ _____

g) ___ · 9 > 73   _____ _____ _____

1 Multipliziere ⊙ oder dividiere ⊙ zuerst,
dann addiere ⊕ oder subtrahiere ⊖.

a) $10 + \underline{3 \cdot 5} = \underline{10 + 15} =$ _____

$5 + 5 \cdot 4 =$ _____

$6 + 9 \cdot 5 =$ _____

b) $40 - \underline{6 \cdot 6} = \underline{40 - 36} =$ _____

$31 - 7 \cdot 3 =$ _____

$18 - 2 \cdot 7 =$ _____

c) $\underline{6 \cdot 2} + 8 = \underline{12 + 8} =$ _____

$3 \cdot 8 + 6 =$ _____

$9 \cdot 4 + 4 =$ _____

d) $8 + \underline{40 : 5} = \underline{8 + 8} =$ _____

$14 + 12 : 3 =$ _____

$25 + 30 : 6 =$ _____

2 a) $\underline{9 \cdot 5} - 10 = \underline{45 - 10} =$ _____

$8 \cdot 6 - 8 =$ _____

$4 \cdot 9 - 6 =$ _____

b) $70 - \underline{63 : 7} = \underline{70 - 9} =$ _____

$80 - 18 : 6 =$ _____

$40 - 14 : 2 =$ _____

3 a) $25 + 3 \cdot 3 =$ _____

$77 - 6 \cdot 7 =$ _____

$48 + 2 \cdot 4 =$ _____

b) $27 + 35 : 7 =$ _____

$24 - 24 : 3 =$ _____

$75 + 40 : 8 =$ _____

c) $9 \cdot 3 - 14 =$ _____

$8 \cdot 5 + 31 =$ _____

$10 \cdot 6 - 25 =$ _____

d) $49 : 7 - 5 =$ _____

$24 : 4 + 43 =$ _____

$100 : 2 - 25 =$ _____

4 Flo hat fünf Fehler gemacht. Findet die Fehler und beschreibt, was falsch gemacht wurde.

a) $2 + 5 \cdot 8 = 7 \cdot 8 = 56$

b) $3 + 0 \cdot 6 = 3 + 6 = 9$

c) $30 - 15 : 5 = 15 : 5 = 3$

d) $3 + 2 \cdot 6 = 3 + 12 = 15$

e) $9 + 6 : 3 = 15 : 3 = 5$

f) $4 + 5 \cdot 2 = 4 \cdot 10 = 40$

■ **Videoaufnahme:** Erklärfilm zur Regel „Punktrechnung vor Strichrechnung" aufnehmen.
▶ **Erklärvideo:** Punktrechnung und Strichrechnung

13

Datum:_____

Punktrechnung
geht vor
Strichrechnung

· multiplizieren

: dividieren

+ addieren

– subtrahieren

1

a) 15 + 5 · 6 = <u>15 + 30</u> = _____

60 : 2 – 12 = _____

78 – 3 · 2 = _____

49 + 7 · 4 = _____

b) 27 + 3 · 7 = _____

56 : 7 – 6 = _____

6 · 3 + 19 = _____

41 – 9 : 3 = _____

2

a) 7 · 4 + 8 · 3 = <u>28 + 24</u> = _____

9 : 3 + 7 · 5 = _____

8 · 10 – 64 : 8 = _____

b) 98 – 3 · 9 + 5 = <u>98 – 27 + 5</u> = _____

54 + 14 : 7 – 6 = _____

65 – 20 : 2 + 24 = _____

3 Schreibe die passende Gleichung auf und rechne.

a) Multipliziere 4 mit 5
und addiere 36.

<u>4 · 5 + 36 =</u> _____

b) Dividiere 72 durch 8
und addiere 51.

_____

c) Multipliziere 9 mit 10
und subtrahiere 45.

_____

d) Dividiere 100 durch 2
und subtrahiere 25.

_____

4 Flo hat Fehler gemacht. Welche Ergebnisse sind falsch? Kreuze an.

a) 20 – 10 : 2 = 5 ☐

b) 2 + 4 · 9 = 54 ☐

c) 30 – 4 · 5 = 10 ☐

d) 16 + 16 : 8 = 4 ☐

5 Setze die Rechenzeichen $\odot$, $\odot$, $\oplus$, $\ominus$ richtig ein.

a) 6 ◯ 2 ◯ 7 = 19

45 ◯ 9 ◯ 20 = 25

64 ◯ 7 ◯ 3 = 43

b) 90 ◯ 10 ◯ 5 = 4

36 ◯ 4 ◯ 2 = 44

7 ◯ 8 ◯ 6 = 50

c) 8 ◯ 5 ◯ 60 ◯ 6 = 30

25 ◯ 5 ◯ 42 ◯ 6 = 12

4 ◯ 3 ◯ 10 ◯ 5 = 10

R9

Datum: _____

2 · 1 = 2
2 · 10 = 20

2 · 100 = 200

1 Schreibe die Multiplikationsaufgaben auf.

a)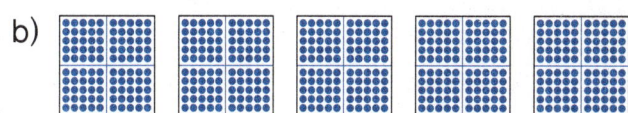

_____

b)

_____

2 a) 4 · 10 = _____   b) 8 · 10 = _____   c) 6 · 10 = _____   d) 10 · 10 = _____

4 · 100 = _____   8 · 100 = _____   6 · 100 = _____   10 · 100 = _____

3 a) 10 · 2 = _____   b) 10 · 5 = _____   c) 10 · 7 = _____   d) 10 · 0 = _____

100 · 2 = _____   100 · 5 = _____   100 · 7 = _____   100 · 0 = ___

4 a) 11 · 10 = _____   b) 24 · 10 = _____   c) 10 · 21 = _____   d) 10 · 64 = _____

13 · 10 = _____   36 · 10 = _____   10 · 57 = _____   10 · 93 = _____

5 a) 10 · 20 = _____   b) 10 · 40 = _____   c) 10 · 60 = _____   d) 10 · 80 = _____

10 · 50 = _____   10 · 70 = _____   10 · 90 = _____   10 · 100 = _____

6 a) Schreibe immer zwei passende Aufgaben dazu.

A
23 · 10 = _____
33 · 10 = _____
43 · 10 = _____
_____
_____

B
22 · 10 = _____
23 · 10 = _____
24 · 10 = _____
_____
_____

C
54 · 10 = _____
44 · 10 = _____
34 · 10 = _____
_____
_____

D
67 · 10 = _____
66 · 10 = _____
65 · 10 = _____
_____
_____

b) Welche Beschreibung passt zu welchem Päckchen? Ordne zu.

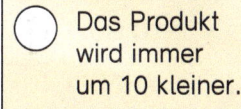
Das Produkt wird immer um 10 kleiner.

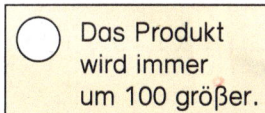
Das Produkt wird immer um 100 größer.

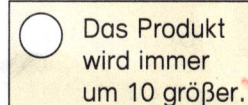
Das Produkt wird immer um 10 größer.

○ Das Produkt wird immer um 100 kleiner.

☞ Vorherige Bearbeitung Themenheft Addieren und Subtrahieren bis S. 29 empfohlen.

15

Multiplizieren mit Zehnerzahlen

Ganz einfach:
4 · 3 = 12,
also
4 · 30 = 120

$$4 \cdot 30 = \underline{\hspace{2cm}}$$

1
a) 4 · 3 = _____
4 · 30 = _____

b) 7 · 4 = _____
7 · 40 = _____

c) 5 · 4 = _____
5 · 40 = _____

d) 9 · 4 = _____
9 · 40 = _____

e) 8 · 4 = _____
8 · 40 = _____

f) 6 · 4 = _____
6 · 40 = _____

g) 4 · 4 = _____
4 · 40 = _____

h) 10 · 4 = _____
10 · 40 = _____

2
a) 6 · 7 = _____
6 · 70 = _____

b) 5 · 7 = _____
5 · 70 = _____

c) 9 · 7 = _____
9 · 70 = _____

d) 3 · 7 = _____
3 · 70 = _____

e) 7 · 7 = _____
7 · 70 = _____

f) 4 · 7 = _____
4 · 70 = _____

g) 0 · 7 = _____
0 · 70 = _____

h) 8 · 7 = _____
8 · 70 = _____

3
a) 1 · 6 = _____
1 · 60 = _____
1 · 600 = _____

b) 2 · 4 = _____
2 · 40 = _____
2 · 400 = _____

c) 3 · 2 = _____
3 · 20 = _____
3 · 200 = _____

d) 5 · 2 = _____
5 · 20 = _____
5 · 200 = _____

4

a)

·	20	60	80
2			
4			
8			

b)

·	30	70	60
3			
6			
9			

c)

·	90	50	20
7			
5			
8			

5
a) 3 · 50 = _____
50 · 3 = _____

b) 4 · 90 = _____
90 · 4 = _____

c) 5 · 60 = _____
60 · 5 = _____

d) 7 · 80 = _____
80 · 7 = _____

Tauschaufgaben

6
a) 50 · 8 = _____
30 · 7 = _____

b) 60 · 9 = _____
80 · 7 = _____

c) 70 · 9 = _____
90 · 3 = _____

d) 90 · 0 = _____
40 · 8 = _____

1 - 3 **Videoaufnahme**: Erklärfilm zum Lösen von Multiplikationsaufgaben mit Analogieaufgaben aufnehmen.

Multiplizieren mit Zehnerzahlen

1 In einer Kiste sind immer 20 Springseile.
Wie viele Seile sind es?

a) 2 Kisten _____ Seile   b) 6 Kisten _____ Seile   c) 8 Kisten _____ Seile

   2 · 20 = _____   _____   _____

2 Wie viele Kartenspiele sind es?

a) 3 Kisten _____ Spiele   b) 5 Kisten _____ Spiele   c) 7 Kisten _____ Spiele

_____   _____   _____

3 Wie viele Spielzeugautos sind es?

a) 4 Kisten _____ Autos   b) 3 Kisten _____ Autos   c) 9 Kisten _____ Autos

_____   _____   _____

4 Die Sonnenschule kauft für die Pause Spielsachen.

a) 3 Kisten mit Springseilen _____ Seile   b) 2 Kisten mit Kreiseln _____ Kreisel

c) 7 Kisten mit Ringen _____ Ringe   d) 2 Kisten mit Bällen _____ Bälle

5 Wie viele Kisten sind es?

a) 40 Springseile _____ Kisten   b) 100 Springseile _____ Kisten

_____   _____

c) 140 Springseile _____ Kisten   d) 180 Springseile _____ Kisten

_____   _____

_____ · 20 = 40

6 Wie viele Kisten sind es?

a) 150 Puzzles _____ Kisten   b) 250 Puzzles _____ Kisten   c) 500 Puzzles _____ Kisten

_____   _____   _____

Multiplizieren mit Zehnerzahlen

Datum:_____

1 Rechne die Aufgaben.
Ordne die Lösungsbuchstaben zu.

a) 4 · 80 = _____ ☐   b) 6 · 20 = _____ ☐

14 · 10 = _____ ☐   2 · 70 = _____ ☐

50 · 6 = _____ ☐   8 · 90 = _____ ☐

c) 80 · 3 = _____ ☐   d) 70 · 9 = _____ ☐

30 · 4 = _____ ☐   24 · 10 = _____ ☐

60 · 4 = _____ ☐   3 · 40 = _____ ☐

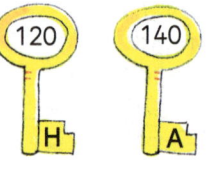 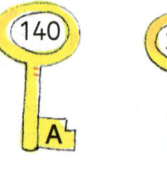 

2 Hier fällt etwas auf!

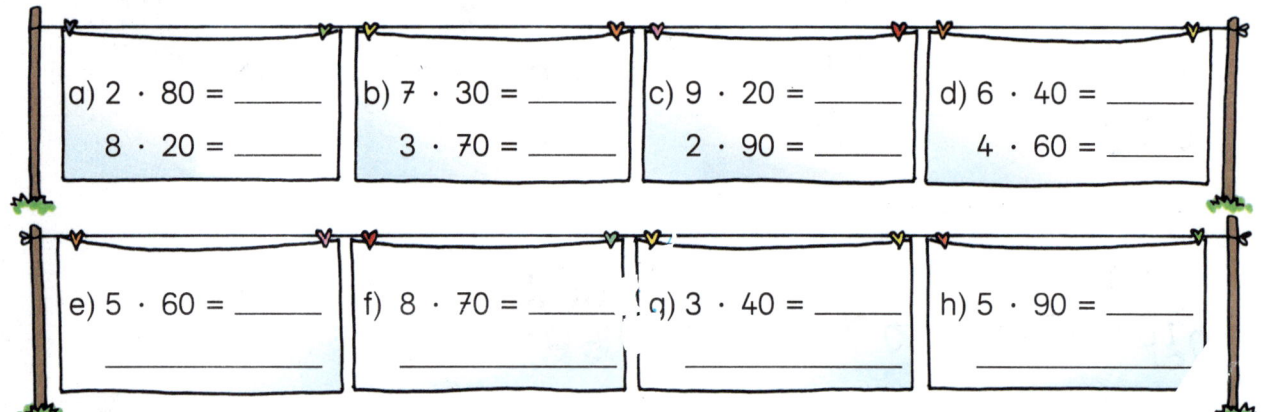

a) 2 · 80 = _____   b) 7 · 30 = _____   c) 9 · 20 = _____   d) 6 · 40 = _____

8 · 20 = _____   3 · 70 = _____   2 · 90 = _____   4 · 60 = _____

e) 5 · 60 = _____   f) 8 · 70 = _____   g) 3 · 40 = _____   h) 5 · 90 = _____

_____   _____   _____   _____

3 Schreibe selbst vier Aufgabenpaare wie in Aufgabe 2.

4 a) _____ · 20 = 60   b) 9 · _____ = 180   c) _____ · 20 = 140

8 · _____ = 160   _____ · 20 = 120   4 · _____ = 80

1 · 20 = 20
2 · 20 = 40
3 · 20 = 60
4 · 20 = 80
5 · 20 = 100
6

5 a) 90 = _____ · 30   b) 30 = _____ · 30   c) 120 = _____ · 30

150 = _____ · 30   210 = _____ · 30   240 = _____ · 30

270 = _____ · 30   180 = _____ · 30   300 = _____ · 30

6 a) 120 = _____ · 40   b) 140 = _____ · 70   c) 270 = _____ · 90

320 = _____ · 40   280 = _____ · 70   360 = _____ · 90

240 = _____ · 40   350 = _____ · 70   180 = _____ · 90

$$80 : 10 = \_\_\_\_\_$$

Hier hilft die Umkehraufgabe.
80 : 10 = 8, denn 8 · 10 = 80

1 a) 80 : 10 = _____, denn _____ · 10 = 80   b) 40 : 10 = _____, denn _____ · 10 = 40

c) 90 : 10 = _____, denn _____ · 10 = 90   d) 100 : 10 = _____, denn _____ · 10 = 100

2 a) 70 : 10 = _____   b) 30 : 10 = _____   c) 50 : 10 = _____   d) 20 : 10 = _____

_____ · 10 = 70   _____ · 10 = 30   _____ · 10 = 50   _____ · 10 = 20

3 a) _____ : 10 = 8   b) _____ : 10 = 6   c) _____ : 10 = 4   d) _____ : 10 = 9

4 a) 800 : 100 = _____, denn _____ · 100 = 800

b) 200 : 100 = _____, denn _____ · 100 = 200

c) 500 : 100 = _____, denn _____ · 100 = 500

d) 1000 : 100 = _____, denn _____ · 100 = 1000

Auch hier hilft
die Umkehraufgabe.
___ · 100 = 800

5 a) _____ : 100 = 7   b) _____ : 100 = 4   c) _____ : 100 = 5   d) _____ : 100 = 6

6 a) 300 : 10 = _____, denn _____ · 10 = 300   b) 700 : 10 = _____, denn _____ · 10 = 700

7 a) 60 : 10 = _____   b) 50 : 10 = _____   c) 300 : 10 = _____   d) 800 : 100 = _____

600 : 100 = _____   500 : 10 = _____   300 : 100 = _____   80 : 10 = _____

600 : 10 = _____   500 : 100 = _____   30 : 10 = _____   800 : 10 = _____

8 Rechne und beschreibe bei jedem Päckchen, was dir auffällt.

a)
| 200 : 100 = _____ |
| 300 : 100 = _____ |
| 400 : 100 = _____ |

b)
| 120 : 10 = _____ |
| 110 : 10 = _____ |
| 100 : 10 = _____ |

c)
| 520 : 10 = _____ |
| 420 : 10 = _____ |
| 320 : 10 = _____ |

d)
| 610 : 10 = _____ |
| 710 : 10 = _____ |
| 810 : 10 = _____ |

a) Das Ergebnis wird immer um _____

b) _____

c) _____

d) _____

150 : 30 = _____

150 : 30 = 5,
denn
5 · 30 = 150

Ganz einfach
15 : 3 = 5,
also
150 : 30 = 5

1

a) 15 : 3 = _____   b) 24 : 3 = _____   c) 35 : 7 = _____   d) 32 : 8 = _____

150 : 30 = _____   240 : 30 = _____   350 : 70 = _____   320 : 80 = _____

2 Schreibe vier eigene Aufgabenpaare wie in Aufgabe 1.

_____   _____   _____   _____

_____   _____   _____   _____

3 Rechne auch die Probe (P.).

a) 270 : 30 = __9__   P.: 9 · 30 = 270   b) 810 : 90 = _____ _____

350 : 50 = _____ _____   560 : 70 = _____ _____

480 : 60 = _____ _____   300 : 50 = _____ _____

4

a)

:	20
80	4
120	
140	
160	

b)

:	60
180	
420	
300	
	9

c)

:	90
180	
	5
720	
360	

d)

:	70
280	
560	
	3
420	

5 Hier bleibt immer ein Rest. Rechne auch die Probe.

a) 200 : 30 = _6 R 20_ P.: 6 · 30 + 20 = 200   b) 530 : 50 = _____ _____

250 : 40 = _____ _____   670 : 70 = _____ _____

320 : 60 = _____ _____   420 : 80 = _____ _____

6 Welche Zahlen kannst du einsetzen? Schreibe alle Zahlen auf.

a) __ · 30 < 140   _0, 1, 2, 3, 4_____   b) __ · 90 < 650 _____

__ · 50 < 270 _____   __ · 40 < 190 _____

__ · 70 < 410 _____   __ · 80 < 730 _____

Dividieren durch Einerzahlen

150 : 3 = _____

3 · ___ = 150

150 : 3

15 : 3 = 5,
also
150 : 3 = 50

1 a) 15 : 3 = _____   b) 42 : 7 = _____   c) 24 : 4 = _____   d) 45 : 9 = _____

150 : 3 = _____   420 : 7 = _____   240 : 4 = _____   450 : 9 = _____

2 Schreibe vier eigene Aufgabenpaare wie in Aufgabe 1.

_____   _____   _____   _____

_____   _____   _____   _____

3 Rechne auch die Probe (P.).

a) 160 : 4 = _40_   P.: 40 · 4 = 160   b) 450 : 5 = _____   _____

320 : 4 = _____   _____   300 : 5 = _____   _____

280 : 4 = _____   _____   250 : 5 = _____   _____

c) 720 : 9 = _____   _____   d) 560 : 7 = _____   _____

810 : 9 = _____   _____   280 : 7 = _____   _____

630 : 9 = _____   _____   420 : 7 = _____   _____

4 Male Aufgaben mit gleichem Ergebnis mit der gleichen Farbe an.

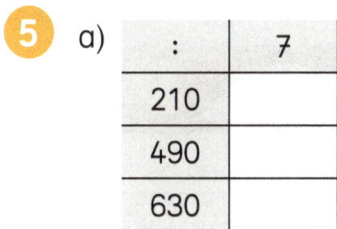

| 210 : 3 | 160 : 4 | 420 : 6 | 250 : 5 | 120 : 2 |

| 350 : 7 | 240 : 8 | 300 : 5 | 360 : 9 | 270 : 9 |

5 a)

:	7
210	
490	
630	

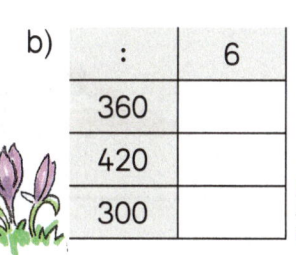

b)

:	6
360	
420	
300	

c)

:	8
400	
	60
720	

d)

:	3
	50
	90
	30

1

a)

:	9
180	
630	
450	

b)

:	4
320	
	50
400	

c)

:	30
90	
270	
180	

d)

:	50
450	
	3
	7

2 Immer drei Aufgaben

a) 18 : 9 = _____
   180 : 9 = _____
   180 : 90 = _____

b) 27 : 3 = _____
   270 : 3 = _____
   270 : 30 = _____

c) 24 : 6 = _____
   240 : 6 = _____
   240 : 60 = _____

d) 35 : 7 = _____
   350 : 7 = _____
   350 : 70 = _____

3 Schreibe drei eigene Aufgabenpäckchen wie in Aufgabe 2.

_____   _____   _____

_____   _____   _____

_____   _____   _____

4 Finde die vier Aufgaben der Aufgabenfamilie und löse sie.

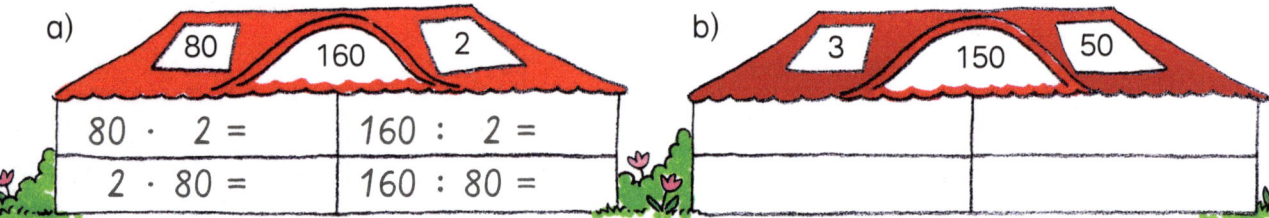

a)

| 80 | 160 | 2 |

| 80 · 2 = | 160 : 2 = |
| 2 · 80 = | 160 : 80 = |

b)

| 3 | 150 | 50 |

c)

| 80 | 480 | 6 |

d)

| 40 | 240 | 6 |

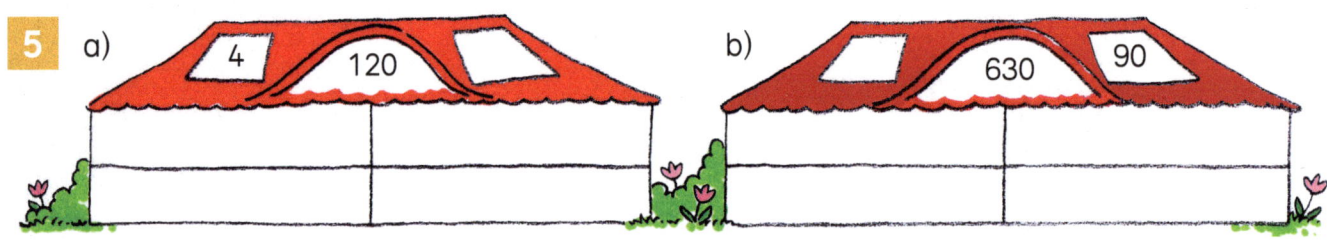

5

a)

| 4 | 120 | |

b)

| | 630 | 90 |

6

a)

b)

6 Eigene Aufgabenfamilien finden.
Wechsel ins Themenheft Sachrechnen und Größen, S. 30-38 möglich.

1 Rechne wie Flex und Flo.

a)   4 $\xrightarrow{\cdot\,60}$ _____ $\xrightarrow{:\,80}$ _____ $\xrightarrow{\cdot\,70}$ _____ $\xrightarrow{:\,10}$ 21

b)   5 $\xrightarrow{\cdot\,30}$ _____ $\xrightarrow{:\,50}$ _____ $\xrightarrow{\cdot\,80}$ _____ $\xrightarrow{:\,10}$ 24

2 Mit welcher Zahl muss multipliziert oder durch welche Zahl dividiert werden?

a)   6 $\xrightarrow{\cdot\,20}$ 120   b) 300 $\xrightarrow{}$ 6   c)   5 $\xrightarrow{}$ 300

d) 800 $\xrightarrow{}$ 80   e) 160 $\xrightarrow{}$ 16   f)   60 $\xrightarrow{}$ 180

g) 240 $\xrightarrow{}$ 8   h)   60 $\xrightarrow{}$ 360   i) 720 $\xrightarrow{}$ 90

3 a)   5 $\xrightarrow{\cdot\,8}$ _____ $\xrightarrow{:\,10}$ _____ $\xrightarrow{\cdot\,80}$ _____ $\xrightarrow{:\,40}$ _____ $\xrightarrow{\cdot\,5}$ _____

b) 35 $\xrightarrow{\cdot\,10}$ _____ $\xrightarrow{:\,70}$ _____ $\xrightarrow{\cdot\,2}$ _____ $\xrightarrow{:\,10}$ _____ $\xrightarrow{\cdot\,5}$ _____

c) 280 $\xrightarrow{:\,7}$ _____ $\xrightarrow{}$ _____ $\xrightarrow{:\,20}$ 8 $\xrightarrow{\cdot\,30}$ _____ $\xrightarrow{:\,6}$ 40

d) 180 $\xrightarrow{}$ _____ $\xrightarrow{\cdot\,10}$ 200 $\xrightarrow{:\,40}$ _____ $\xrightarrow{}$ _____ $\xrightarrow{\cdot\,2}$ 1000

4 Welche Zahl ist es? Löse mit einer Kettenaufgabe.

a) Multipliziere 90 mit 3. Dividiere das Ergebnis durch 9, multipliziere dann mit 4.

b) Dividiere 100 durch 20. Multipliziere das Ergebnis mit 50, dividiere dann durch 5.

a)   90 $\xrightarrow{\cdot\,3}$ _____ $\xrightarrow{:\,9}$ _____ $\xrightarrow{}$ _____

b) _____ $\xrightarrow{}$ _____ $\xrightarrow{}$ _____ $\xrightarrow{}$ _____

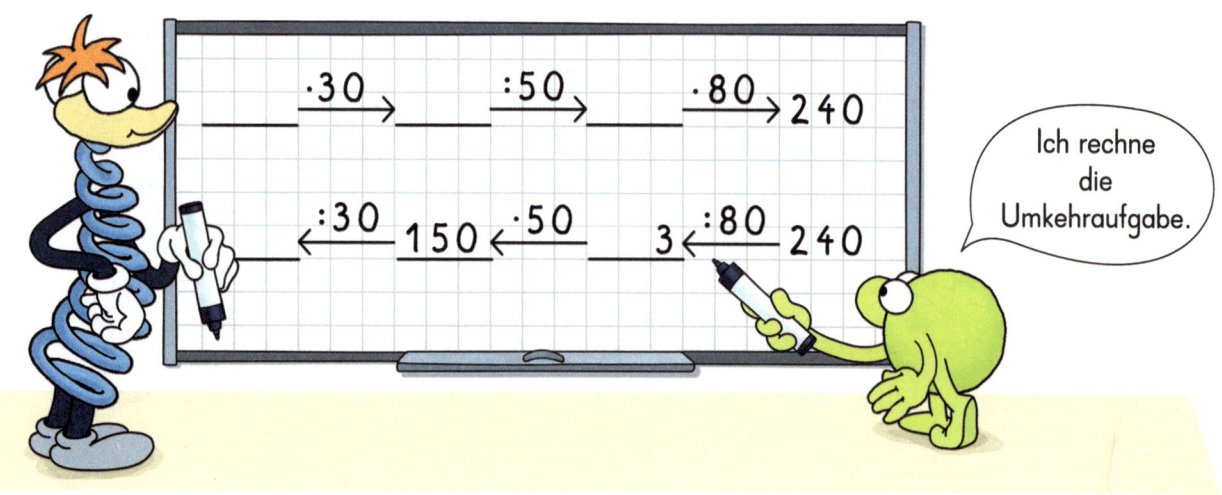

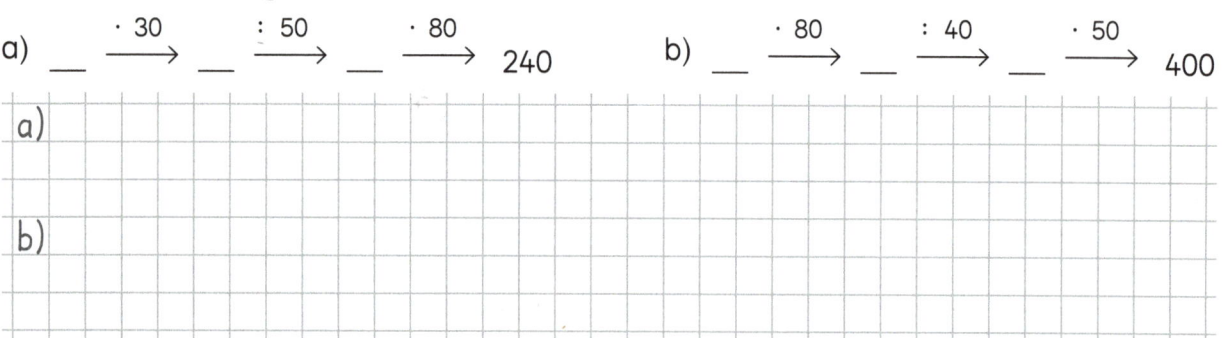

1 Löse die Kettenaufgaben. Schreibe wie Flex oder Flo.

a) $\underline{} \xrightarrow{\cdot\,30} \underline{} \xrightarrow{:\,50} \underline{} \xrightarrow{\cdot\,80} 240$

b) $\underline{} \xrightarrow{\cdot\,80} \underline{} \xrightarrow{:\,40} \underline{} \xrightarrow{\cdot\,50} 400$

a)

b)

2 Wie heißt die Zahl? Löst mit einer Kettenaufgabe.

a) Multipliziere die Zahl mit 3. Dividiere das Ergebnis durch 9, dann multipliziere mit 4. Du erhältst 120.

b) Dividiere die Zahl durch 70. Multipliziere das Ergebnis mit 40, dann dividiere durch 8. Du erhältst 30.

c) Multipliziere die Zahl mit 3. Dividiere das Ergebnis durch 5, dann verdopple. Du erhältst 60.

d) Dividiere die Zahl durch 20. Multipliziere das Ergebnis mit 50, dann dividiere durch 5. Du erhältst 50.

e) Multipliziere die Zahl mit 60. Dividiere das Ergebnis durch 3, dann multipliziere mit 10. Du erhältst 1000.

3 Löse die Kettenaufgaben. Du darfst die Rechenzeichen $\odot$, $\div$, $+$ und $-$ verwenden.

a) $40 \longrightarrow \underline{} \longrightarrow \underline{} \longrightarrow \underline{} \longrightarrow \underline{} \longrightarrow 20$

b) $8 \longrightarrow \underline{} \longrightarrow \underline{} \longrightarrow \underline{} \longrightarrow \underline{} \longrightarrow 6$

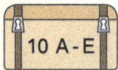
10 A - E

6 · 13 = _____

Ich multipliziere 6 zuerst mit dem Zehner, dann mit dem Einer.

Ich rechne lieber im Malkreuz.

1 Rechne wie Flex.

a)
8 · 1 2 =	
8 · 1 0 =	8 0
8 · 2 =	1 6

b) 5 · 1 2 =

c) 3 · 1 2 =

d) 4 · 1 3 =

e) 9 · 1 3 =

f) 5 · 1 3 =

g) 9 · 1 2 =

h) 7 · 1 2 =

i) 4 · 1 2 =

2 Rechne wie Flo.

a)
·	10	3	
4	40	12	52

b)
·	10	5
8		

c)
·	10	7
6		

d)
·	20	4
5		

e)
·	50	2
7		

f)
·	30	5
9		

3 Rechne auf deinem Weg.

a) 5 · 15

b) 4 · 16

c) 8 · 14

Es geht auch kürzer:
5 · 15 = 50 + 25 = 75

a)

b)

c)

▶ **Erklärvideo:** Halbschriftlich multiplizieren
☞ Vorherige Bearbeitung Themenheft Addieren und Subtrahieren bis S. 44 empfohlen.

25

Halbschriftlich multiplizieren

1 Hier fällt etwas auf!
Vervollständige den Satz.

a) 2 · 17   b) 5 · 18   c) 3 · 19
   4 · 17   10 · 18   6 · 19

Das zweite Produkt ist immer _____ des ersten Produkts.

2 Rechne auf deinem Weg. Schreibe in dein Heft.

a) 4 · 15  Kürzer: 40, 20, 60   b) 4 · 23   c) 7 · 24   d) 8 · 37
   6 · 15   6 · 23   5 · 24   6 · 37

3 a) 3 · 25   b) 7 · 23   c) 3 · 32
     4 · 28   9 · 27   5 · 36

d) 3 · 35   e) 4 · 54   f) 7 · 66
   4 · 38   5 · 56   8 · 44

4 Klecksaufgaben. Welche Ziffern fehlen?

a)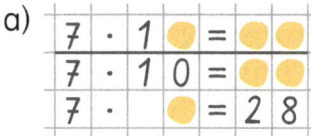
```
7 · 1● = ●●
7 · 10 = ●●
7 ·  ● = 28
```

b)
```
3 · 2● = ●●
3 · 20 = ●●
3 ·  ● = 18
```

c)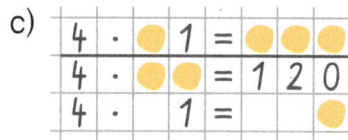
```
4 · ●1 = ●●●
4 · ●● = 120
4 ·  1 =   ●
```

5 a) 5 · 104   b) 2 · 407   c) 4 · 220

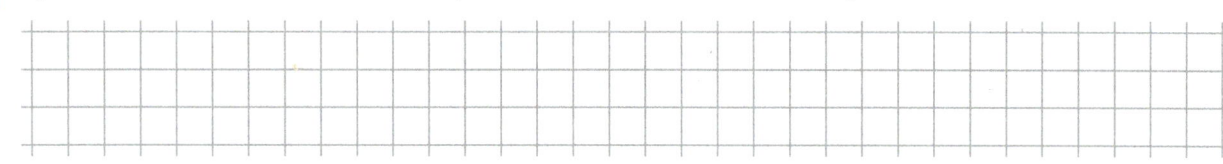

d) 2 · 309   e) 3 · 208   f) 7 · 105

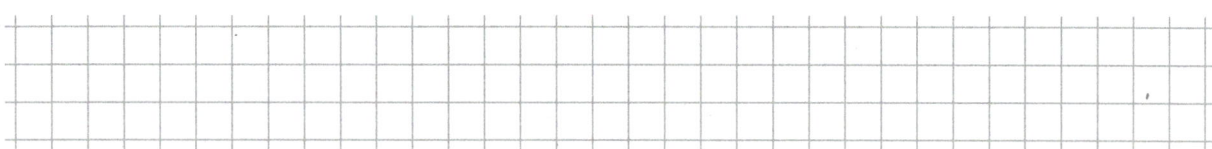

Halbschriftlich multiplizieren

$$64 \cdot 3 = \_\_\_\_$$

Ich multipliziere zuerst den Zehner mit 3, dann den Einer.

$$64 \cdot 3 = 192$$
$$60 \cdot 3 = 180$$
$$4 \cdot 3 = 12$$

Ich rechne lieber die Tauschaufgabe.

$$3 \cdot 64 = 192$$
$$3 \cdot 60 = 180$$
$$3 \cdot 4 = 12$$

1 Rechne auf deinem Weg.

a) $25 \cdot 3$ b) $49 \cdot 4$ c) $27 \cdot 6$

d) $24 \cdot 7$ e) $36 \cdot 9$ f) $58 \cdot 3$

g) $47 \cdot 3$ h) $26 \cdot 5$ i) $34 \cdot 8$

j) $67 \cdot 3$ k) $91 \cdot 5$ l) $52 \cdot 7$

2 Klecksaufgaben. Welche Ziffern fehlen?

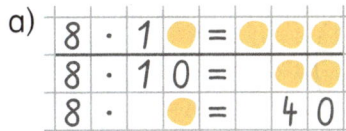

a)
$8 \cdot 1 \bullet$	=	$\bullet \bullet \bullet$
$8 \cdot 10$	=	$\bullet \bullet$
$8 \cdot \bullet$	=	$4\ 0$

b)
$4 \cdot 2 \bullet$	=	$\bullet \bullet \bullet$
$4 \cdot 20$	=	$\bullet \bullet$
$4 \cdot \bullet$	=	$3\ 2$

c)
$6 \cdot 1 \bullet$	=	$\bullet \bullet \bullet$
$6 \cdot 10$	=	$\bullet \bullet$
$6 \cdot \bullet$	=	$4\ 8$

d)
$2 \bullet \cdot 7$	=	$\bullet \bullet \bullet$
$20 \cdot 7$	=	$\bullet \bullet \bullet$
$\bullet \cdot 7$	=	$2\ 1$

e)
$4 \bullet \cdot 8$	=	$\bullet \bullet \bullet$
$40 \cdot 8$	=	$\bullet \bullet \bullet$
$\bullet \cdot 8$	=	$4\ 0$

f)
$\bullet 1 \cdot 6$	=	$\bullet \bullet \bullet$
$\bullet \bullet \cdot 6$	=	$1\ 8\ 0$
$1 \cdot 6$	=	$\bullet$

➥ Vorherige Bearbeitung Themenheft Addieren und Subtrahieren bis S. 52 empfohlen.
➥ Wechsel ins Themenheft Sachrechnen und Größen, S. 21-22 möglich.

1 Die Zahl in einem roten Flügel ist immer das Produkt
der beiden Zahlen in den benachbarten blauen Flügeln.

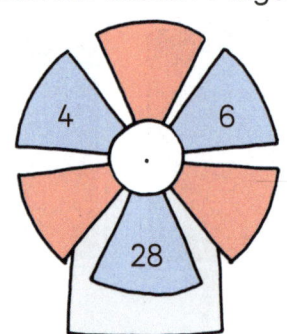

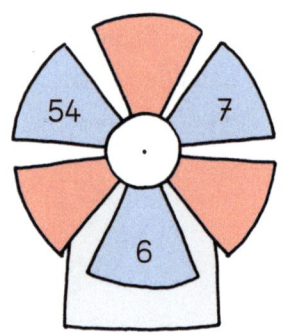

2

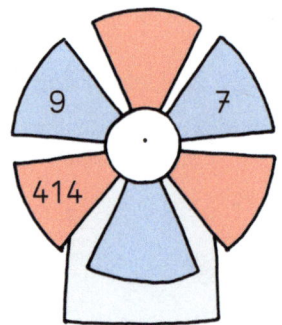

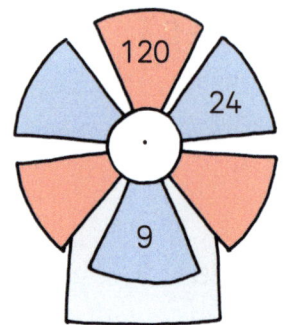

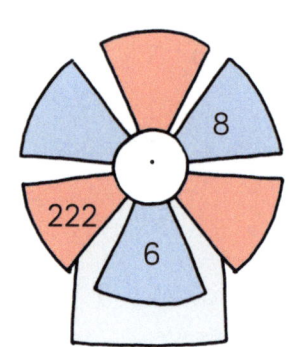

3 a)

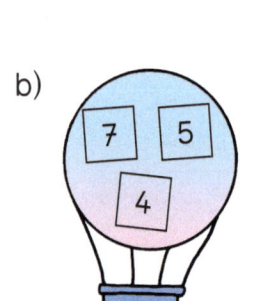

Addiere zuerst die Zahlen im Ballon.
$\boxed{4} + \boxed{3} + \boxed{8} = 15$
Multipliziere nun 15 mit einer der Zahlen aus dem Ballon.
Das Produkt muss die Zahl im Korb ergeben.
$15 \cdot \boxed{3} = 45$

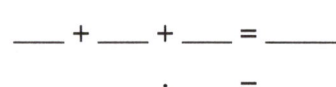

___ + ___ + ___ = _____

_____ · ___ = _____

c)

___ + ___ + ___ = _____

_____ · ___ = _____

b)

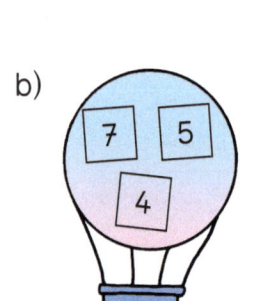

___ + ___ + ___ = _____

_____ · ___ = _____

d)

___ + ___ + ___ = _____

_____ · ___ = _____

e)

___ + ___ + ___ = _____

_____ · ___ = _____

Geschickt rechnen

9 · 15

Erst 10 · 15,
dann 1 · 15 weg,
also 150 – 15.

1 Rechne geschickt wie Flex.

a) 9 · 15 = _____   b) 9 · 18 = _____

   9 · 14 = _____   9 · 19 = _____

c) 9 · 24 = _____   d) 9 · 57 = _____

   9 · 36 = _____   9 · 86 = _____

5 · 100 – 5

5 · 99

2 Rechne geschickt wie Flo.

a) 5 · 99 = _____   b) 3 · 99 = _____

   7 · 99 = _____   6 · 99 = _____

c) 9 · 99 = _____   d) 2 · 99 = _____

   4 · 99 = _____   8 · 99 = _____

3 Rechne geschickt.

6 · 39

6 · 40 – 6

a) 6 · 39 = _____   b) 3 · 59 = _____   c) 4 · 29 = _____

   5 · 19 = _____   2 · 49 = _____   9 · 69 = _____

d) 49 · 5 = _____   e) 29 · 6 = _____   f) 59 · 4 = _____

   39 · 4 = _____   69 · 3 = _____   89 · 9 = _____

4 Die 3. Klassen der Sonnenschule besuchen das Burgtheater. Rechne geschickt.
Das Burgtheater hat neun Reihen.
In jede Reihe passen 24 Personen.

Insgesamt passen _____

_____ .

5 In der Klasse 3b sind 29 Kinder.
Der Theatereintritt kostet für jedes Kind 5 €.

Insgesamt kostet _____

_____

6 Der Lehrer kauft in der Pause sechs Tüten
mit Süßigkeiten. Jede Tüte kostet 99 ct.

_____

_____

Videoaufnahme: Erklärfilm zum geschickten Lösen von Multiplikationsaufgaben
aufnehmen.

Geschickt rechnen

1 Multipliziere in einer geschickten Reihenfolge.

2 · 5 = 10 …

a) 2 · 29 · 5 = _290_

5 · 89 · 2 = _____

9 · 4 · 5 = _____

5 · 7 · 4 = _____

5 · 8 · 7 = _____

6 · 9 · 5 = _____

9 · 8 · 5 = _____

b) 50 · 7 · 2 = _____

9 · 2 · 50 = _____

2 · 8 · 25 = _____

4 · 8 · 25 = _____

25 · 9 · 4 = _____

35 · 2 · 8 = _____

35 · 6 · 2 = _____

2

a) 5 · 14 · 2 = _____

7 · 5 · 4 = _____

2 · 43 · 5 = _____

4 · 9 · 5 = _____

b) 6 · 7 · 5 = _____

5 · 8 · 5 = _____

4 · 25 · 9 = _____

8 · 25 · 3 = _____

c) 2 · 50 · 8 = _____

2 · 45 · 6 = _____

35 · 7 · 2 = _____

15 · 7 · 4 = _____

3 Schreibe eigene Aufgaben wie in Aufgabe 2.
Dein Partnerkind löst sie.

4 Flo hat die Zahlenkarten ⬚1⬚ bis ⬚15⬚ .
Welche drei verschiedenen Zahlenkarten kann er einsetzen, damit die Aufgabe stimmt?
Wie viele Möglichkeiten findet ihr?

a) ☐ · ☐ · ☐ = 30

b) ☐ · ☐ · ☐ = 24

c) ☐ · ☐ · ☐ = 40

d) ☐ · ☐ · ☐ = 42

1	2	3	4	5
6	7	8	9	10
11	12	13	14	15

30

 13 A–E

📹 **Videoaufnahme:** Erklärfilm zum geschickten Lösen von Multiplikationsaufgaben aufnehmen.

Die Sonnenschule feiert ein Sommerfest.

1 Für die Cafeteria hat der Hausmeister
sechs Tische aufgestellt.
An jeden Tisch passen zwölf Stühle.

1)	F.:	Wie viele ...
	L.:	
	A.:	

> Schreibe immer
> Frage (F.), Lösung (L.)
> und Antwort (A.)
> in dein Heft.

2 Der Hausmeister hat auch die Getränke
für das Sommerfest besorgt.

a) Er hat neun Kästen Wasser gekauft. In jedem Kasten sind zwölf Flaschen.

b) Er benötigt 120 Flaschen Apfelsaft. In einem Kasten sind sechs Flaschen.

3 Am Stand der Klasse 2a kann man Schlüsselanhänger basteln.
Für einen Schlüsselanhänger benötigt man fünf Perlen.
Die Lehrerin hat eine große Perlenbox mit 350 Perlen gekauft.

4 Am Pizzastand werden sieben Bleche Pizza verkauft.
Aus einem Blech kann man 18 Stücke schneiden.

5 Die Kinder aus den 3. Klassen verkaufen selbst gebastelte
Postkarten. Jedes Kind hat drei Karten gebastelt.
Wie viele Postkarten können verkauft werden?

Klasse	3a	3b	3c
Kinder	24	25	27

6 Auf dem Sommerfest zeigt ein Zauberer seine Tricks.
Er bekommt für eine Stunde 30 €.
Am Ende des Tages hat er 120 € verdient.

7 Beim Sommerfest hat die Sonnenschule 240 € eingenommen.
Die Schulleiterin bestellt dafür Bücher. Ein Buch kostet 6 €.

👉 Vorherige Bearbeitung Themenheft Sachrechnen und Größen, S. 4-12 empfohlen.

31

Datum: _____

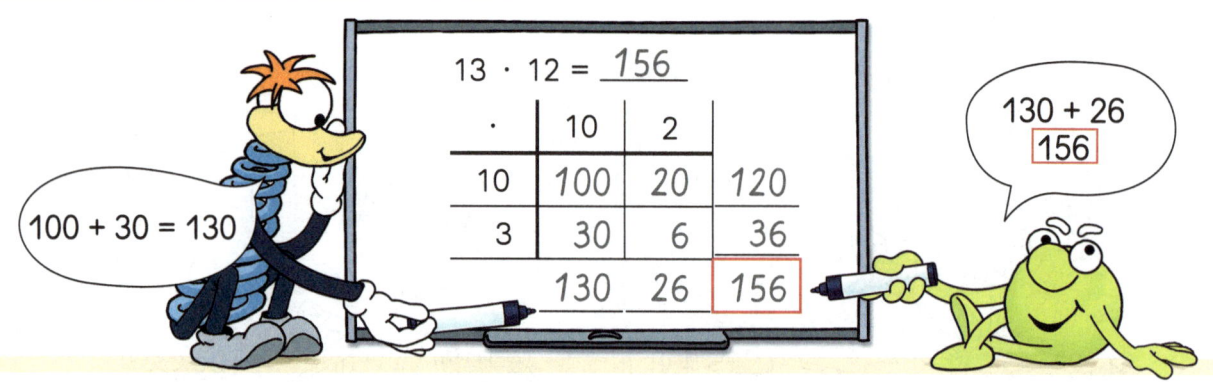

1 Rechne wie Flex und Flo im Malkreuz.

a) 14 · 11 = _____

·	10	1	
10	100	10	110
4	40	4	44
	140	14	

b) 16 · 12 = _____

·	10	2	
10			
6			

c) 15 · 11 = _____

·	10	1	
10			
5			

2 Zerlege die Zahlen und löse die Aufgaben im Malkreuz.

a) 13 · 11 = _____

b) 17 · 12 = _____

c) 18 · 11 = _____

3 Auch diese Aufgaben kannst du im Malkreuz lösen.

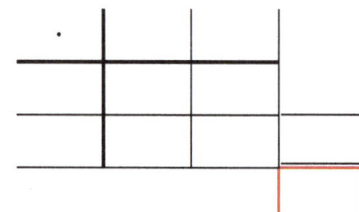

a) 56 · 15 = _____

·	10	5	
50			
6			

b) 34 · 19 = _____

c) 72 · 13 = _____

4 Bestimme die fehlenden Zahlen im Malkreuz. Wie heißt die Multiplikationsaufgabe?

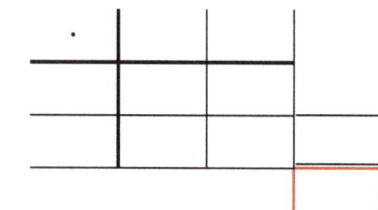
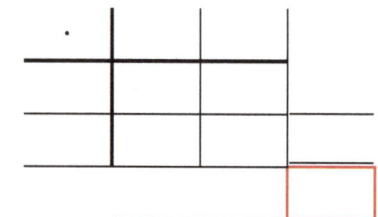

a) _____

·			
10	100		130
	150		

b) _____

·	10		
4			48
	240		

c) _____

·	40		
	400		420
	600		

Alles **Vielfache** von 6.

1 Finde die ersten fünf Vielfachen der Zahlen.
Schreibe auch die Multiplikationsaufgaben auf.
a) 7　　　　b) 9　　　　c) 5　　　　d) 8

1 a)	1 · 7 =	7
	2 · 7 =	1 4
	3 · 7 =	
	4 · 7 =	
	5 · 7 =	

Vielfache von 7:　7, 1 4,

2 Schreibe wie in Aufgabe 1.
a) 40　　　　b) 20　　　　c) 80　　　　d) 25

3 Aufgepasst! Welche Zahlen sind keine Vielfachen der Zahl? Streiche sie durch.

a) Vielfache von 8: 8, 24, 30, 32, 40

b) Vielfache von 5: 10, 15, 29, 30, 35

c) Vielfache von 4: 4, 8, 18, 24, 28

d) Vielfache von 12: 12, 24, 32, 48, 60

4 Was stimmt? Kreuze an.

☐ 45 ist ein Vielfaches von 5.　　　☐ 49 ist ein Vielfaches von 9.

☐ 34 ist ein Vielfaches von 4.　　　☐ 22 ist ein Vielfaches von 2.

☐ 90 ist ein Vielfaches von 10.　　☐ 56 ist ein Vielfaches von 5.

Vielfaches von 5 …? durch 5 teilbar

5 Schreibe die ersten zehn Vielfachen dieser Zahlen auf.
Welche Vielfachen haben die beiden Zahlen gemeinsam? Kreise sie ein.

Vielfache von 2: _____ _____ _____ _____ _____ _____ _____ _____ _____ _____

Vielfache von 3: _____ _____ _____ _____ _____ _____ _____ _____ _____ _____

6 Flo sagt: „Die gemeinsamen Vielfachen von 3 und von 4 sind die Vielfachen von 12."
Stimmt das?

7 a) Findet vier Vielfache von 5, die auch Vielfache von 10 sind.　_____ _____ _____ _____

b) Findet vier Vielfache von 4, die auch Vielfache von 8 sind.　_____ _____ _____ _____

8 Wie heißt die Zahl?

a) das Doppelte von 10: _____

b) das Zehnfache von 10: _____

c) das Vierfache von 6: _____

d) das Achtfache von 9: _____

8 　Audioaufnahme: Eigene Rätsel aufsprechen, andere Kinder lösen die Rätsel.

33

Teiler

Datum: _____

1 Finde die Teiler der Zahlen. Schreibe auch die Divisionsaufgaben auf.
a) 15   b) 20   c) 18
d) 24   e) 35   f) 25

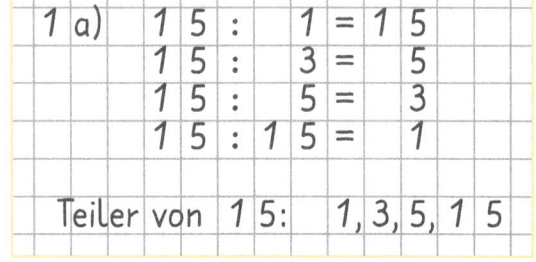

2 Schreibe wie in Aufgabe 1.
a) 40   b) 28   c) 42   d) 30

3 Finde die Teiler von 36. Musst du immer alle Divisionsaufgaben aufschreiben?

36 : 1 = 36
36 : 2 = 18
… dann ist auch 18 ein Teiler.

4 Aufgepasst! Welche Zahlen sind keine Teiler der Zahl? Streiche sie durch.

a) Teiler von 9: 1, 2, 3, 6, 9

b) Teiler von 16: 1, 2, 4, 6, 8, 10, 16

c) Teiler von 20: 1, 2, 3, 4, 5, 8, 10, 20

d) Teiler von 25: 1, 5, 10, 15, 25

5 a) Findet die Teiler der Zahlen. Wie viele Teiler haben die Zahlen?

14   11   8   17   32   60   23

b) Es gibt Zahlen, die haben nur zwei Teiler: die 1 und sich selbst. Schreibt vier solcher Zahlen auf.

6 Schreibe die Teiler der beiden Zahlen auf. Welche Teiler haben die beiden Zahlen gemeinsam? Kreise sie ein.

a) Teiler von 12: _____   b) Teiler von 9: _____

Teiler von 24: _____   Teiler von 18: _____

7 Wie heißt die Zahl?

a) Die Zahl liegt zwischen 20 und 30. Zu ihren Teilern gehören 4 und 7.
Lösung: _____

b) Die Zahl liegt zwischen 40 und 50. Zu ihren Teilern gehören 2, 4 und 6.
Lösung: _____

The table in image 3:

1 a)	15 : 1 = 15
	15 : 3 = 5
	15 : 5 = 3
	15 : 15 = 1

Teiler von 15: 1, 3, 5, 15

Datum: _____

1 Flex kreist in der Hundertertafel die Vielfachen von 10 ein.
Vergleiche die letzte Ziffer der Zahlen. Was fällt dir auf?

Die letzte Ziffer ist _____

2 Suche die Vielfachen von 5 und schreibe sie wie Flo auf. Schau dir die letzte Ziffer an.

Die letzte Ziffer ist _____

3 Welche Zahlen sind durch 10, welche durch 5 teilbar? Kreise ein, ohne zu rechnen.

durch 10 teilbar   durch 5 teilbar

| 45 | 60 | 64 | 65 | 69 | 70 | 75 | 78 | 80 | 82 | 85 | 90 |

4 Schreibe die Vielfachen von 2 auf.
Schau dir auch hier immer die letzte Ziffer an.

Die letzte Ziffer ist _____.

| 2 | 4 | 6 | 8 | 1 0 |
| 1 2 | | | | |

5 Welche Zahlen sind durch 2 teilbar? Kreise ein, ohne zu rechnen.

| 68 | 31 | 200 | 94 | 105 | 72 | 50 | 86 | 27 | 34 | 43 | 99 |

6 Welche Zahlen sind durch 2, durch 5 oder durch 10 teilbar? Kreise ein, ohne zu rechnen.

durch 2 teilbar   durch 5 teilbar   durch 10 teilbar

| 20 | 98 | 125 | 66 | 14 | 26 | 35 | 100 | 30 | 72 | 300 | 150 |

7 Was stimmt? Kreuzt an.

☐ Alle Zahlen, die durch 10 teilbar sind, sind auch durch 2 teilbar.

☐ Alle Zahlen, die durch 2 teilbar sind, sind auch durch 10 teilbar.

☐ Alle Zahlen, die durch 5 teilbar sind, sind auch durch 10 teilbar.

☐ Alle Zahlen, die durch 10 teilbar sind, sind auch durch 5 teilbar.

Datum: _____

1 Dividiere wie Flex und rechne auch die Probe (P.).

a)
```
5 2 : 4 = 1 3
4 0 : 4 = 1 0
1 2 : 4 =     3

P.:

1 3 · 4 =
1 0 · 4 =
    3 · 4 =
```

b)
```
4 5 : 3 =

P.:
```

c)
```
5 5 : 5 =

P.:
```

d)
```
7 8 : 6 =

P.:
```

e)
```
9 6 : 8 =

P.:
```

f)
```
8 4 : 7 =

P.:
```

2 a)
```
5 6 : 4 =
```

b)
```
9 1 : 7 =
```

c)
```
8 5 : 5 =
```

d)
```
8 8 : 8 =
```

e)
```
9 8 : 7 =
```

f)
```
3 9 : 3 =
```

3 Klecksaufgaben. Welche Ziffern fehlen?

a)
```
5 7 : ● = ●●
3 0 : ● = 1 0
●● : ● = ●
```

b)
```
9 6 : ● = ●●
●● : 6 = 1 0
●● : 6 = ●
```

c)
```
●● : 6 = ●●
6 0 : ● = ●●
●● : ● = 2
```

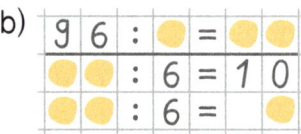

▶ Erklärvideo: Halbschriftlich dividieren

Halbschriftlich dividieren

1 Dividiere wie Flo. Ordne die Lösungsbuchstaben zu.

a) 7 5 : 3 =   ___

b) 8 1 : 3 =   ___

c) 9 2 : 4 =   ___

d) 7 2 : 3 =   ___

e) 7 8 : 2 =   ___

f) 8 4 : 3 =   ___

g) 7 8 : 3 =   ___

h) 6 9 : 3 =   ___

i) 5 8 : 2 =   ___

j) 8 7 : 3 =   ___

k) 9 6 : 4 =   ___

l) 5 6 : 2 =   ___

Schlüssel: 23 O · 24 · 25 F · I · 26 · 27 · T · L · 28 A · 29 · M · 39 D

2 Finde die Fehler. Streiche falsche Aufgaben durch und schreibe sie richtig auf.

a) 72 : 2 = 36
    60 : 2 = 30
    12 : 2 = 6

b) 96 : 3 = 29
    60 : 3 = 20
    36 : 3 = 9

c) 64 : 2 = 32
    60 : 2 = 30
    4 : 2 = 2

d) 84 : 4 = 26
    40 : 4 = 20
    24 : 4 = 6

Halbschriftlich dividieren

285 : 3 = _____

270 kann ich leicht durch 3 teilen.

285 : 3 =
270 : 3 = 90
15 : 3 =

Dann bleibt noch 15 : 3 gleich ...

30
60
90
120
150
180
210
240
270
300

1 a)
```
1 9 8 : 6 =
1 8 0 : 6 =
  1 8 : 6 =
```

b)
```
4 7 5 : 5 =
4 5 0 : 5 =
        : =
```

c)
```
3 8 8 : 4 =
3 6 0 : 4 =
        : =
```

2 a)
```
1 9 5 : 3 =
```

b)
```
2 3 1 : 3 =
```

c)
```
2 5 5 : 3 =
```

d)
```
1 8 0 : 5 =
```

e)
```
3 2 5 : 5 =
```

f)
```
4 6 5 : 5 =
```

g)
```
1 7 5 : 7 =
```

h)
```
1 6 8 : 7 =
```

i)
```
1 1 9 : 7 =
```

j)
```
2 9 7 : 9 =
```

k)
```
3 3 3 : 9 =
```

l)
```
5 8 5 : 9 =
```

3 Klecksaufgaben. Welche Ziffern fehlen?

a)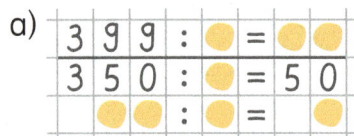

b)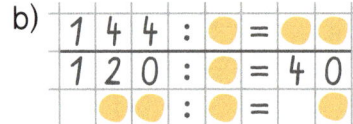

c)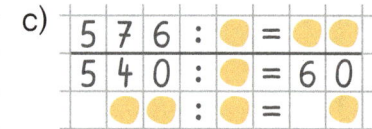

d)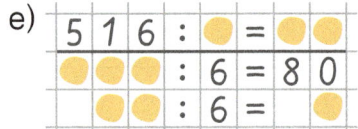

e)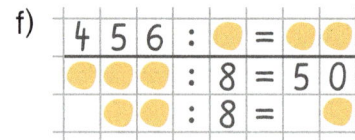

f)

Halbschriftlich dividieren

1

a) $328 : 4 =$

b) $117 : 9 =$

c) $464 : 8 =$

d) $168 : 8 =$

e) $306 : 6 =$

f) $522 : 6 =$

g) $648 : 8 =$

h) $108 : 9 =$

2 Halbschriftlich oder im Kopf? Rechne zuerst die leichte Aufgabe.

a) $392 : 8 =$ _____
   $400 : 8 = \underline{50}$
   $408 : 8 =$ _____
   $416 : 8 =$ _____

b) $711 : 9 =$ _____
   $720 : 9 =$ _____
   $729 : 9 =$ _____
   $738 : 9 =$ _____

c) $445 : 5 =$ _____
   $450 : 5 =$ _____
   $455 : 5 =$ _____
   $460 : 5 =$ _____

d) $801 : 9 =$ _____
   $810 : 9 =$ _____
   $819 : 9 =$ _____
   $828 : 9 =$ _____

3 Rechne im Kopf und beschreibe bei jedem Päckchen, was dir auffällt.

a) $560 : 8 =$ _____
   $568 : 8 =$ _____
   $576 : 8 =$ _____
   $584 : 8 =$ _____

b) $360 : 6 =$ _____
   $354 : 6 =$ _____
   $348 : 6 =$ _____
   $342 : 6 =$ _____

c) $420 : 7 =$ _____
   $427 : 7 =$ _____
   $434 : 7 =$ _____
   $441 : 7 =$ _____

d) $500 : 5 =$ _____
   $495 : 5 =$ _____
   _____
   _____

a) Das Ergebnis wird immer _____

b) _____

c) _____

d) _____

2 Rechenweg ggf. im Kästchenpapier notieren.
➡ Wechsel ins Themenheft Sachrechnen und Größen, S. 23-24 möglich.

39

Datum: _____

1 Wie viele gleiche Figuren kann Flo mit seinen 95 Stäbchen legen, wenn er

a) nur Quadrate , b) nur Kreuze ✗ , c) nur Häuser  legt?

Dividiere wie Flex und rechne auch die Probe (P.).

a)

P.:

b)

P.:

c)

P.:

2 Hier bleiben Reste. Rechne auch die Probe.

a) 4 5 : 2 =

P.:

b) 5 5 : 2 =

P.:

c) 8 7 : 2 =

P.:

3 Rechne die Aufgaben mit Probe in deinem Heft.

a) 44 : 3   b) 65 : 4   c) 61 : 5   d) 88 : 6   e) 79 : 7

f) 62 : 3   g) 73 : 4   h) 74 : 5   i) 76 : 6   j) 86 : 7

Halbschriftlich dividieren mit Rest

Datum: _____

1

a)
```
1 7 3 : 5 =        R
1 5 0 : 5 =
    2 3 : 5 =        R
```

b)
```
1 4 5 : 3 =
```

c)
```
1 8 2 : 6 =
```

d)
```
1 2 5 : 4 =
```

e)
```
3 6 6 : 8 =
```

f)
```
2 3 1 : 9 =
```

2 Wo hat Flo Fehler gemacht? Kreuzt an. Beschreibt, was er falsch gemacht hat.

a)
```
8 6 : 7 = 1 2
7 0 : 7 = 1 0
1 6 : 7 =   2 R 2
      ☐
```

b)
```
3 1 9 : 3 = 1 0 5 R 4
3 0 0 : 3 = 1 0 0
    1 9 : 3 =     5 R 4
        ☐
```

c)
```
2 5 9 : 3 = 6 6 R 1
2 4 0 : 3 = 6 0
    1 9 : 3 =   6 R 1
        ☐
```

d)
```
6 4 9 : 8 = 8 1 R 1
6 4 0 : 8 = 8 0
      9 : 8 =   1 R 1
        ☐
```

e)
```
1 7 3 : 2 = 8 6 R 1
1 6 0 : 2 = 8 0
    1 3 : 2 =   6 R 1
        ☐
```

f)
```
4 4 6 : 6 = 7 4 R 3
4 2 0 : 6 = 7 0
    2 6 : 6 =   4 R 3
        ☐
```

3 Klecksaufgaben. Welche Ziffern fehlen?

a)
```
4 5 7 : 6 = ●● R ●
  ●●● : 6 = 7 0
    3 7 : 6 =   ● R ●
```

b)
```
  ●●● : 5 = ●● R ●
  ●●● : 5 = 8 0
      8 : 5 =   1 R ●
```

c)
```
  ●●● : 8 = ●● R ●
  ●●● : 8 = 8 0
    5 2 : 8 =   ● R ●
```

d)
```
  ●●● : 7 = ●● R ●
  ●●● : 7 = 7 0
    5 2 : 7 =   ● R ●
```

4 Wie heißt die Zahl?

a) Dividiere die Zahl durch 4 und du erhältst 16 Rest 1.

Lösung: _____

b) Dividiere die Zahl durch 3 und du erhältst 37 Rest 1.

Lösung: _____

c) Dividiere die Zahl durch 6 und du erhältst 22 Rest 2.

Lösung: _____

Datum: _____

🖤 1. FC Falke Erwachsene		🖤 1. FC Falke Juniorkarten (bis 18 Jahre)	
Preisgruppe	Preis	Preisgruppe	Preis
1	46 €	1	
2	42 €	2	
3	36 €	3	
4	34 €	4	
5	30 €	5	
6	24 €	6	
7	20 €	7	
8	16 €	8	
9	10 €	9	

1 Die Juniorkarten kosten die Hälfte des Erwachsenenpreises.
Trage die Preise für die Juniorkarten in die Tabelle ein.

> Schreibe Frage (F.), Lösung (L.) und Antwort (A.) in dein Heft.

2 Henry möchte mit seinen beiden Geschwistern ins Stadion gehen.
Er kauft Juniorkarten der Preisgruppe 6.

3 Samet lädt vier Kinder zu seinem 10. Geburtstag ein.
Sie wollen zusammen mit Samets Vater ein Fußballspiel
besuchen. Sie haben Karten der Preisgruppe 8.

4 Die Fußballmannschaften von Paul und Anna möchten sich mit ihrer Trainerin und einigen
Eltern ein Fußballspiel anschauen. Es fahren 21 Kinder und fünf Erwachsene mit.
Die Trainerin kauft Karten der Preisgruppe 9.

5 a) Herr Schmitz hat für sieben Karten aus einer Preisgruppe 238 € bezahlt.

b) Frau Berger hat für neun Karten
aus einer Preisgruppe 144 € bezahlt.

6 Herr Perez möchte für sich und seine drei Enkelkinder
(9, 10 und 12 Jahre alt) Karten kaufen. Er hat 80 €.
Alle Karten sollen aus der gleichen Preisgruppe sein.
Welche Karten könnte er kaufen?

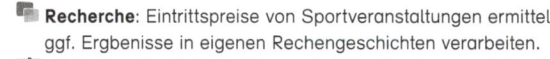
📄 **Recherche**: Eintrittspreise von Sportveranstaltungen ermitteln,
ggf. Ergebnisse in eigenen Rechengeschichten verarbeiten.
🚏 Vorherige Bearbeitung Themenheft Sachrechnen und Größen, S. 4-24 empfohlen.

Große Anzahlen schätzen

1 Wie viele Personen sind es ungefähr?

Ich zähle die Personen in einem Feld und multipliziere das Ergebnis mit …

ungefähr _____ Personen

2  a) Wie viele Luftballons sind es ungefähr?

ungefähr _____ Luftballons

b) Wie viele Schokolinsen sind es ungefähr?

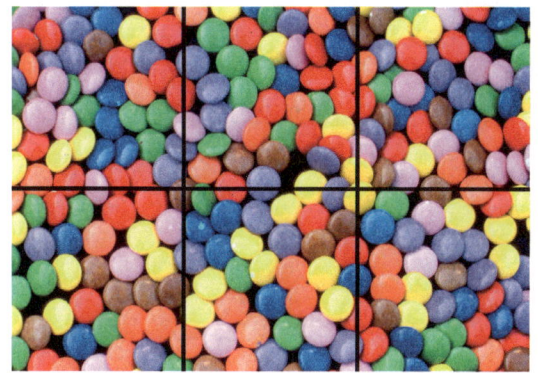

ungefähr _____ Schokolinsen

3 Wie viele Fußballspieler sind es ungefähr?

ungefähr _____ Fußballspieler

43

Entdecken und knobeln

1 Zwei Zahlen passen nicht.
Bilde aus den anderen drei Zahlen
eine Multiplikationsaufgabe.

1 a) 3 · 5 = 1 5

a) 7 5
    20
    3 15

b) 7 9
      5
    42
      63

c) 14 6
        8
    5 48

d) 24 8
        18
    6   4

e) 7 56
        42
    4   8

2 Finde möglichst viele Aufgaben mit dem Produkt 100.

a) __ · __ = 100   b) __ · __ · __ = 100   c) __ · __ · __ · __ = 100

3 Welche Ziffern haben sich hier versteckt?

F · F = F   A · C = EA

G · G = DF   EA : D = B

E · A = D   B · B = G

FD : G = E

A	B	C

D	E	F	G

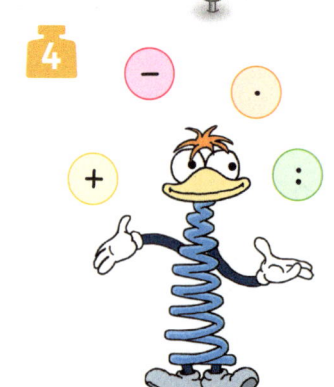

4 Welche Zeichen musst du einsetzen:
(+) , (−) , (·) , (:)?

a) 10 ◯ 9 ◯ 3 = 14 ◯ 2

b) 7 ◯ 3 ◯ 5 = 18 ◯ 4

c) 10 ◯ 14 ◯ 7 = 6 ◯ 2

d) 20 ◯ 8 ◯ 4 = 24 ◯ 6

Punktrechnung
vor
Strichrechnung!

1, **2** Die Aufgaben eignen sich im Anschluss an Seite 5.
3 Die Aufgabe eignet sich im Anschluss an Seite 11.
4 Die Aufgabe eignet sich im Anschluss an Seite 14.

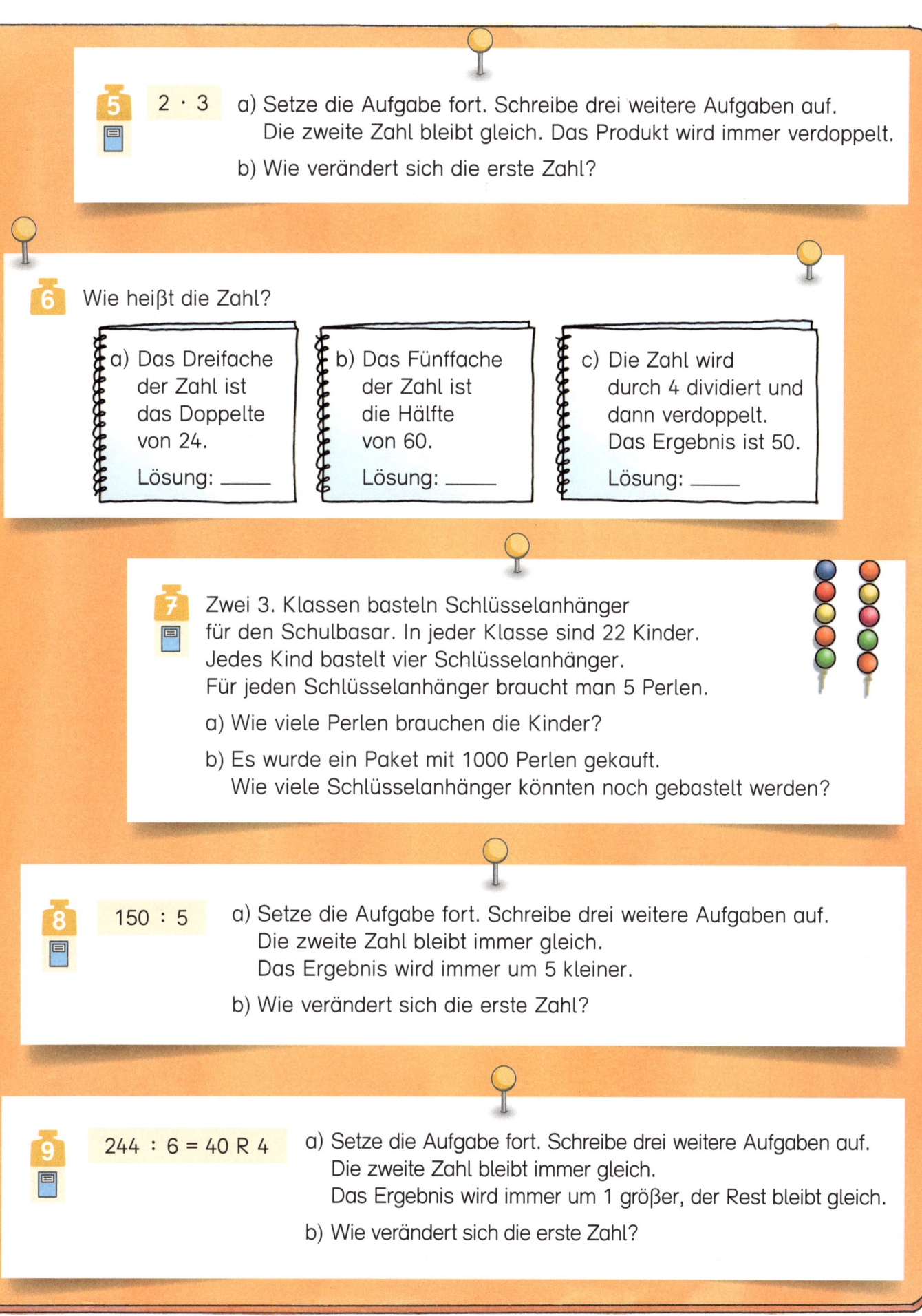

5 2 · 3   a) Setze die Aufgabe fort. Schreibe drei weitere Aufgaben auf.
Die zweite Zahl bleibt gleich. Das Produkt wird immer verdoppelt.

b) Wie verändert sich die erste Zahl?

6 Wie heißt die Zahl?

a) Das Dreifache
der Zahl ist
das Doppelte
von 24.

Lösung: _____

b) Das Fünffache
der Zahl ist
die Hälfte
von 60.

Lösung: _____

c) Die Zahl wird
durch 4 dividiert und
dann verdoppelt.
Das Ergebnis ist 50.

Lösung: _____

7 Zwei 3. Klassen basteln Schlüsselanhänger
für den Schulbasar. In jeder Klasse sind 22 Kinder.
Jedes Kind bastelt vier Schlüsselanhänger.
Für jeden Schlüsselanhänger braucht man 5 Perlen.

a) Wie viele Perlen brauchen die Kinder?

b) Es wurde ein Paket mit 1000 Perlen gekauft.
Wie viele Schlüsselanhänger könnten noch gebastelt werden?

8 150 : 5   a) Setze die Aufgabe fort. Schreibe drei weitere Aufgaben auf.
Die zweite Zahl bleibt immer gleich.
Das Ergebnis wird immer um 5 kleiner.

b) Wie verändert sich die erste Zahl?

9 244 : 6 = 40 R 4   a) Setze die Aufgabe fort. Schreibe drei weitere Aufgaben auf.
Die zweite Zahl bleibt immer gleich.
Das Ergebnis wird immer um 1 größer, der Rest bleibt gleich.

b) Wie verändert sich die erste Zahl?

5 Die Aufgabe eignet sich im Anschluss an Seite 15.
6 Die Aufgabe eignet sich im Anschluss an Seite 33.
7, 8 Die Aufgaben eignen sich im Anschluss an Seite 39.
9 Die Aufgabe eignet sich im Anschluss an Seite 41.

Fachwörter und Redemittel

Multiplizieren und dividieren

multiplizieren

$5 \cdot 6 = 30$

↑

Produkt

Dividieren heißt geteilt rechnen.

$30 : 6 = 5$

$30 : 5 = 6$

P.: $6 \cdot 5 = 30$

Mit einer **Probe** (P.) wird das Ergebnis kontrolliert.

$32 : 5 = 6 \text{ R } 2$

P.: $6 \cdot 5 + 2 = 32$

Punktrechnung und Strichrechnung

Regel:

Punktrechnung ⊙ ⊙
geht vor
Strichrechnung ⊕ ⊖

$2 + \underline{3 \cdot 4} = 2 + 12 = 14$

$40 - \underline{14 : 2} = 40 - 7 = 33$

Vielfache

$1 \cdot 6 = 6$

$2 \cdot 6 = 12$

$3 \cdot 6 = 18$

$4 \cdot 6 = 24$

...

6, 12, 18, 24, ... sind alles **Vielfache** von 6.

Teiler

$12 : 1 = 12$

$12 : 2 = 6$

$12 : 3 = 4$

$12 : 4 = 3$

$12 : 6 = 2$

$12 : 12 = 1$

1, 2, 3, 4, 6 und 12 sind die **Teiler** von 12.

Halbschriftlich multiplizieren

6 · 13

Ich multipliziere 6 zuerst mit dem Zehner, dann mit dem Einer.

$$6 \cdot 13 = 78$$
$$6 \cdot 10 = 60$$
$$6 \cdot 3 = 18$$

Erst mit dem Zehner multiplizieren, dann mit dem Einer.

64 · 3

Ich multipliziere zuerst den Zehner mit 3, dann den Einer.

$$64 \cdot 3 = 192$$
$$60 \cdot 3 = 180$$
$$4 \cdot 3 = 12$$

Erst den Zehner multiplizieren, dann den Einer.

Halbschriftlich dividieren

84 : 6

Ich zerlege die Zahl 84 geschickt für das Teilen durch 6.

$$84 : 6 = 14$$
$$60 : 6 = 10$$
$$24 : 6 = 4$$

Erst 60 durch 6 gleich 10, dann 24 durch 6 gleich 4.

6
12
18
24
30
36
42
48
54
60

MATERIALIEN FÜR
SCHÜLERINNEN UND SCHÜLER

Addieren und Subtrahieren 3 978-3-14-118190-6
Multiplizieren und Dividieren 3 978-3-14-118191-3
Geometrie 3 978-3-14-118192-0
Sachrechnen und Größen 3 978-3-14-118193-7

Lernpaket 3
4 Themenhefte + Beilagen 978-3-14-118194-4
BiBox für Schüler/-innen WEB-14-118206

ZUSATZMATERIALIEN
Trainingsheft 3 978-3-14-118246-0

Themenhefte inklusiv C
Addieren und Subtrahieren bis 100 (C) 978-3-14-118419-8
Multiplizieren und Dividieren bis 100 (C) 978-3-14-118420-4
Geometrie (C) 978-3-14-118421-1
Sachrechnen und Größen (C) 978-3-14-118422-8

Lernpaket inklusiv C
4 Themenhefte + Beilagen 978-3-14-118418-1

MATERIALIEN FÜR
LEHRERINNEN UND LEHRER

Handreichung 3 978-3-14-118195-1
BiBox für Lehrer/-innen 3, *Einzellizenz* WEB-14-118207
                                    Kollegiumslizenz WEB-14-118209

Kopiervorlagen 3 978-3-14-118236-1
Förder-Kopiervorlagen 3 978-3-14-118238-5
Forder-Kopiervorlagen 3 978-3-14-118240-8
Lernwege-Karten 3 978-3-14-118244-6
Diagnoseheft 3 978-3-14-118233-0
Entdeckerkartei 3 978-3-14-118245-3

10 Sätze Hunderter, Zehner, Einer 978-3-14-118270-5